Kirisame

–

Haiku, Haiga, Senryū, Tanka, und andere Lyrik

Kirisame

–

Haiku, Haiga, Senryū, Tanka und andere Lyrik

Alexander Strestik

2021

Bibliographische Information der Deutschen
Bibliothek: Die Deutsche Bibliothek verzeichnet
diese Publikation in der Deutschen
Nationalbibliographie; detailierte
bibliographische Daten sind im Internet über
http://dnb.ddb.de abrufbar.

Copyright © 2021 | paperback edition
Alexander Strestik, FullCourtPress.de
Herstellung und Verlag:
BoD – Books on Demand, Norderstedt
ISBN: 978-3-752-64809-6

„Einsamkeit bringt das Wahrhaftige, das gewagt und befremdlich Schöne in uns hervor – die Poesie. Aber sie brütet auch das Perverse, das Verbotene und Absurde aus."

- - frei nach Thomas Mann

Vorwort

Im Sommer 2020 habe ich meinen ersten kleinen Gedichtband herausgebracht. Die Neustrukturierung der Zeit auf Grund der Corona-Pandemie gab mir den Raum und die Muße, die kleinen über Jahre entstandenen Gedichte zu sortieren und in Buchform zu bringen. Nun ist ein weiteres gut halbes Jahr ins Land gezogen und wir befinden uns noch immer in der Krise, noch immer gestaltet sich Freizeit zu Hause und im Privaten. Da mir die Arbeit an dem ersten Gedichtband so sehr gelegen hat, hat sie mich motiviert weitere Gedichte zu schreiben, zu sammeln und nun in diesem Buch zusammen zu führen.

Die veränderten Lebensumstände zwischen Home-Office, Isolation, Quarantäne und social-distancing spiegeln sich unweigerlich in den Gedichten des Jahres 2020 und des Winters 20/21 wider.

Wie bereits in meinem ersten Haiku-Gedichtband breche ich auch in diesem Werk – nun teilweise bewusster – mit den „Regeln" der traditionellen Haiku-Dichtung. Angeregt und ermutigt von einem Artikel von Carsten Kaven[1] habe ich mir die „menschengemachte Umwelt" als Beobachtungsobjekt gewählt und an ihr meine Gedanken festge-

---

1   Carsten Kaven: „Das Haiku im Anthropozän. 1. Teil" erschienen im Sommergras, Nummer 129, Juni 2020

macht. Auch thematisch habe ich mich wieder mit teils direkten, teils indirekten Bezügen ins Politische, Erotische, in die Musik, in die Mathematik und in die Kunst gewagt, ohne dabei groß zwischen Haiku, Senryū und andere Formen zu unterscheiden oder gar davor zurückzuschrecken auch hier und da einmal in Aphorismen abzugleiten.

Für diese Sammlung teils dunklerer, teils heiterer Lyrik war nichts passender als das dem Buch vorangestellte, leicht abgewandelte Zitat aus der Novelle „Der Tod in Venedig" von Thomas Mann.

Große Freude hat mir wieder die grafische Gestaltung des Buches und der darin enthaltenen Haiga bereitet. Hier gilt mein großer Dank allen Künstler*innen, die ihre Werke mit der Welt auf verschiedenen Bild- und Fotoplattformen lizenzfrei teilen. Ohne ihre Großzügigkeit wäre dieses Buch in dieser Form nicht möglich. Alle Quellen der Bilder finden Sie im Anhang und sofern bekannt habe natürlich alle Künstler*innen namentlich genannt.

Es bleibt mir nur noch Ihnen viel Freude beim Lesen zu wünschen.

Ihr Alexander Strestik

内容物 Inhaltsverzeichnis

kirisame

Nieselregen

Nieselregen
immerwährend hüllst Du mich
in Deinen Tränen

———— ☁ ————

zwei unter einem
Regenschirm gedrängt werden
je zur Hälfte nass

———— ☁ ————

Regen in Essex
wie erwartet unpassend
schön

Vogelgesang nach
dem Regen: die Katharsis
ihres Wutausbruchs

———— ☁ ————

gefallenes Laub
säumt den dunklen Weg - mein Herz
von Einsamkeit erfüllt

———— ☁ ————

mit gesenktem Haupt
begegne ich im Regen dem
was mir von Dir blieb

die Ringe
der Tropfen in der Pfütze:
Muster meiner Trauer

adergleiche
Schatten
kahler
Baumkronen
...
es friert mich

blauer Mond weist
uns den Weg - doch Morgennebel
verschluckt ihn wieder

nasser Hund
schüttelt sich, bringt mir
den Regen ins Haus

Regentropfen rinnen den Hals herab -
durchnässt bekämpfe ich die Nacht

schwere Wolken
schicken Donnerschläge voraus
der Abwasch wartet

———— ☁ ————

Sommerregen
bringt Klarheit in unseren
überhitzten Streit

———— ☁ ————

Sieben Wahrheiten
malt der Regen an meinen
Himmel

eiskalter Regen
in mondloser Winternacht
der Frühling so fern

―――― ☁ ――――

verregneter Tag
mit Decke auf der Couch und
der Hund muss noch raus

―――― ☁ ――――

„heiter bis wolkig"
auf die Knochen nass bin ich
begossener Pudel

石の庭

ishi no niwa

Schottergarten

Schottergarten blüht
vor einer auf das Tor gemalten
Blumenwiese

———— ◆ ————

Rascheln und Zwitschern
im Busch erklären das Ende
des grauen Winters

———— ◆ ————

erster Grillabend
mit Bier und Doppelkopf: und
wieder neue Regeln

frisch gemähtes Gras
sein herber Duft passt zum
Feierabendbier

ein Rasensprenger
kommt ohne Dynamit aus
erklärt mir mein Sohn

auf der Terrasse
reißt mich eine Wespe frech
aus meinem Buch

junger
Koi auf
dem Weg zum
Drachentor,
hat noch
so viel
zu lernen

alte Schaukel im Wind
... die Kinder?
Ausgezogen.

Wildwuchs im Gemüsebeet
-
das Elternhaus steht nun zum Verkauf

Spinnennetze im Geräteschuppen
-
Garten im Dornröschenschlaf

---

monotones Brummen
aus den Nachbargärten:
muss wohl Samstag sein

街の森

machi no mori

Großstadtdschungel

Nebel im Stadtwald
das schwere Grau verschluckt
jeden Laut

Fußgängerzone
und Ladenzeile verwaist
am Amazon-Day

Bushaltestelle
Euer kalter Rauch lässt mich
im Regen stehen

Angerempelt von
einem Smombie - ein kurzer
Blick entschuldigt sich

Verkehrsbericht:
im Stop-and-Go aus der Stadt -
kein rush mehr hour

Rufbereitschaft
Warten, dass hoffentlich
heute nichts passiert

Fassaden
der Stadt
Kulisse unserer
geteilten
Einsamkeit

Stromausfall
der Kerzenschein erzählt
Geistergeschichten

das Runde muss ins Eckige
vor jedem Fenster eine Sat-Schüssel

Parkplatzsuche in
der Stadt, vorbei an immer der
selben Haltestelle

Motorbrummen,
Piep-Ton, Tonnengeschepper -
hab' den Müll vergessen

frische Sprühfarbe auf der Mauer:
die Rebellion wird nicht alt

dunkler Asphalt in
der Nacht weist den Weg
ins Ungewisse

Plattenbauten in der Vorstadt
drohen mit kalten, langen Schatten

"Typen wie ich sind
hier nicht erwünscht,
stören doch das Bild

... verstehste?"

hansha

Reflexionen

unerträgliche
Diskrepanz zwischen Spiegel
und Selbstbildnis

gesammelte
Erfahrungen und Träume
unvermittelbar

so sehr ich mich auch strecke
finde ich keinen Halt

handy alarm!
Tabletten.
Lebensrhythmus?

die Sehnsucht des
Andersartigen nach einer Gleichen
unerfüllt

Hilfeschreie
im Schatten der Wut hockt die
Angst vor Einsamkeit

Sog in den Abgrund - jede Konsequenz Keim eines neuen Irrtums

Selbstisolation

hinter einer Nebelwand

verschwimmt

die

Wirklichkeit

schwer liegt mein Kopf
in der stützenden Hand
unermesslicher Überdruss

plötzlich war sie da
mein Freund: die Lesebrille
… wo hab' ich sie nur?

Mein Tagtraum heut':
Straßenszenen aus den 80ern
Werde ich alt?

megami

Göttin

Frieden schenkst Du,
Liebe, Geborgenheit und Leben
Du meine Göttin

Dein wallendes Haar
legt sich auf meine Seele
nun will ich ruhen

Schweigend ahnen wir
des Anderen nächsten Schritt
man kommt sich näher

volle Lippen, leicht
geöffnet, locken mich
in Deine Falle

roter, schwerer Wein
lullt mich in die Tiefen
Deines Dekolletés

wie sie sich öffnet
die zarte Knospe bald sie zur
vollen Blüte steht

der Hitze folgend,
die weichen Schenkel teilend
dem Quell entgegen

Deine Finger in
meinem Fleisch verkrallt, verzerrt
mich Deine Gier

Deine heile Welt
wird erschüttert von tausend
kleinen Erdbeben

nach wildem Kampf
strecke ich die Waffen und
ergebe mich in Dir

hellblaues Leuchten -
aus Deinen Augen lächelt
mich die Ewigkeit an

nymphengleich steigst Du
aus dem See, die nasse Haut
glänzt im Sonnenlicht

die
Furie
der
Lust

wirft mich
ins Fegefeuer

Deiner
Begierde

das Mädchen
von Mucha
besucht
mich
in
meinen
Träumen

wir duellieren uns
auf dem schmalen Grad zwischen
Anstand und Verlangen

wie unbequem muss
es Dir mit mir sein, bin ich
doch ein alter Kerl

roter Lippenstift
und schwarzer Eyeliner verschmiert
im bleichen Gesicht

Tinkerbell
das Tattoo auf Deiner Schulter
verzaubert mich

vergraben in
Deiner Brust finde ich mich
in Dir wieder

den Stromlinien
Deiner Figur schwimme ich
hinterher

Dein geheimnisvolles Lächeln:
Woran denkst Du, wenn Du mich ansiehst?

so sehr ich Dich wollte,
habe ich Dich je gehabt,
frage ich mich

Wer folgt hier wem
in die Tiefen Deiner, meiner
Phantasien?

kecke Strähne in Deinem Gesicht
wird hinter's Ohr verbannt

es braucht nur einen
Augenaufschlag von Dir mein
Gemüt zu erhellen

Dein Kissen leer -
frischer Kaffeeduft verrät:
Du bist für mich da

Unter dünnem Tuch verbirgt sich die Landschaft meiner Sehnsüchte

chīsana takaramono

kleine Schätze

kleines
schwarzes
Mädchen
im
gelben
Mantel-
selbst
ihre
Interviews
Poesie

schlafende Schönheit
in weißem Nachtgewand
zeigt die
kalte
Schulter

prôton kinoun akinêton
sprach:
"Gleich platze ich!"

E PLURIBUS UNUM
doch die Medaille hat
immer zwei Seiten

im "Les Misérables" Merch
schlägt sie um den Obdachlosen
einen Bogen

K. 662
Poesie ohne Worte

——— 🖋 ———

im Bach plätschert es
folge dem Laut und stille
den Durst nach Leben

——— 🖋 ———

alte Postkarte in Sütterlin
Grüße einer anderen Welt

sunny-side up
in der Pfanne scheint die Sonne
auf weißem Grund

———— 🖋 ————

Gewittersturm
des Hammers Schlag bricht
die Macht der Riesen

———— 🖋 ————

Gremiumssitzung
heute mit Hemd, Kravatte
und Trainingshose

Nachts plärrt die Glotze:
kann mit meinen Gedanken
nicht alleine sein

---

kleines Muttermal
fing dunkel an zu wachsen
versaut mir den Abend

---

convenience food
in Einzelportionen:
ausgekotzte Einsamkeit

Im Hin und Wider

der Bullen und Bären

mehrt sich der Mammon

schwarzer
Götterbote

wacht über
meinen dunklen Weg

shitsumon

Fragen

Das japanische Wort
für Frage ist „shitsumon",
do I really summon shit here?

———— ? ————

Beschreibt mein Adjektiv
das Bild nur,
oder wertet es schon?

———— ? ————

Wenn ein Haiku alleine stehen soll,
warum steht dann Dein Name dran?

Welche Worte glaubst Du,
habe ich in dieser Lücke versteckt?
Und ist es mir wichtig?

———— ? ————

Tōji hat 3 Moren,
meine Übersetzung aber 7 Silben.
Am I lost in translation?

———— ? ————

Warum muss ich
für den Geistesblitz
so lange überlegen?

Ein Satz
ohne Verb
ein Satz?

—— ? ——

Addition durch Subtraktion,
doch was genau kommt denn
dann dazu?

—— ? ——

Zähle ich die Silben noch?
Schreibe ich den Vers um,
damit er passt?

Werfe ich ein Wort
in Deine Richtung ,
wie lange gehört es noch mir,
bevor es Dich trifft?

—— ? ——

Wenn es keine Chance gibt,
meinen Buchstabensalat zu erklären,
ist dann alles gesagt?

—— ? ——

Wie nennt man Haikus,
die vielleicht gar keine Haikus sind?

Beginnt die Kunst, nicht dort,
wo sie die Norm überschreitet?
Wäre es nicht sonst bloßes Handwerk?

———— ? ————

stock images!
Kann ich am Computer
die Natur beobachten?

———— ? ————

Verschwende ich meine Zeit,
wenn ich mich mit Dingen beschäftige,
die mir nix bringen?
Oder gewinne ich?

Tricolore
bleu weiß red

Young Koi
    / Junger Koi
        / Jeune Koï

Legend has it that a koi will morph into a dragon
once it passes the waterfall of the Yellow River,
called the Dragon's Gate.

Der Legende nach verwandelt sich ein Koi in
einen Drachen, sobald er den Wasserfall des
Gelben Flusses – das Drachentor – passiert.

La légende raconte qu'un koï se transforme en
dragon dès qu'il passe la cascade du Fleuve Jaune
- la porte du dragon.

鯉魚跳龍門
Lǐyú Tiào Lóng Mén

young koi on the way to the dragon's gate,
still has so much to learn

junger Koi auf dem Weg zum Drachentor,
hat noch so viel zu lernen

jeune koï en route à la porte du dragon,
a encore tant à apprendre

Catharsis
/ Katharsis

Like the forces of nature you came over me.
Furiously you thundered curses in my direction,
left me standing in the rain, threatened to never
speak with me again. And yet here you are today,
enchanting me.

Comme les forces de la nature, tu es venu sur
moi. Tu as tonné furieusement les jurons dans ma
direction, tu m'as laissé debout sous la pluie, as
menacé de ne me parler plus jamais. Et pourtant
aujourd'hui tu es ici et tu m'enchantes.

Wie die Naturgewalten brachst Du über mich
herein. Tobend donnerst Du Flüche in meine
Richtung, ließt mich im Regen stehen, drohtest
nie wieder ein Wort an mich zu richten. Und doch
bist Du heute hier und bezirzt mich.

singing birds after
the rain: catharsis of
her outburst of anger

chant des oiseaux après
la pluie: catharsis de
son explosion de colère

Vogelgesang nach
dem Regen: die Katharsis
ihres Wutausbruchs

Furie de la Luxure
/ Fury of Lust
/ Furie der Lust

Si la luxure existe en dehors de nous, alors elle
doit être l'une des Furies.

If lust exists outside ourselves, then she has to be
one of the Furies.

Existierte die Lust außerhalb unserer Selbst, so ist
sie doch eine der Furien.

       Alekto
           - la furieuse, la chasseresse
           - the furious, the huntress
           - die Rasende, die Jagende

la furie de la luxure
me jette dans le purgatoire
de ton désir

the fury of lust
throws me into the purgatory
of your desire

die Furie der Lust
wirft mich ins Fegefeuer
Deiner Begierde

Unerträglich
/ Unbearable
/ Insoutenable

Ist man das, was man sieht oder das was man denkt, das man sei? Und was wenn der Unterschied unerträglich wird?

Are you what you see or what you think you are? What if the difference becomes unbearable?

Êtes-vous ce que vous voyez ou ce que vous pensez être? Et si la différence devenait insupportable?

unerträgliche
Diskrepanz zwischen Spiegel
und Selbstbildnis

unbearable
discrepancy between the mirror's image
and the self-portrait

insupportable
la discrépance entre la miroir
et l'autoportrait

La nuit
/ Nachts
/ At Night

Donc, pendant la journée, vous êtes distrait, avez des conversations, faites des choses et rencontrez des collègues, mais pendant les nuits blanches ...

So ist man tagsüber abgelenkt, führt Gespräche, erledigt Sachen und trifft Kollegen, doch dann in der schlaflosen Nacht ...

So during the day you are distracted, have conversations, do things and meet colleagues, but in sleepless nights ...

La nuit, la télé retentit:
je ne peux pas être seule
avec mes pensées

Nachts plärrt die Glotze:
kann mit meinen Gedanken
nicht alleine sein

At night the telly blares:
can not be alone
with my thoughts

短歌

tanka

ausbalanciertes
Messer aus kaltem Stahl liegt
so gut in der Hand

das warme Blut tropft von
der geschliffenen Klinge

im fahlen Mondlicht
sah ich zwei schwarze Krähen
im Baume sitzen

thronen dort und richten über
die Sünden meiner Nacht

schwamm allein zu weit
ins Meer hinaus, dort rief
mich Atlantis zu sich

gegen Ebbe und Sirenen
wählte ich die Normandie

—— 🖋 ——

von zittriger Hand
geführt, kratzt die bleierne
Mine auf's Papier

seine letzten Worte an sie
"Bitte verzeihe mir"

von örtlich vereinzelt
und gebietsweise zur
Großwetterlage

der Klimawandel fällt uns
allen täglich auf den Kopf

———— ✒ ————

knirschender Schnee
verrät mit jedem Schritt den
nahenden Schatten

die Spur im Schnee am Morgen
erzählt den Alptraum der Nacht

neulich mit Freunden
bei Satoshi zu Kaffee
und Kuchen gewesen

Aber nein! Er wisse auch
nicht, wo all das Geld hin ist.

———— 🖋 ————

*In **4**, Feigenbäumen*
*auf **6** Ästen je **6***
Vögel saßen

*und von **9** Feigen fraßen*
*ein Knall! **0**h Schreck, alle weg*

die Daunendecke
weich und schwer hält den kalten
Atem der Nacht ab

unter den weißen Massen
verborgen der Träume Reich

Zerbrechlich und vom
lustvollen Schmerz gezeichnet
liegst Du unter mir

ich küsse die salzigen
Tränen aus Deinem Gesicht

Corona
undercover rock conzert -
mit dem masked singer

im Bus unter Maske und ear-plugs
bewegungslos abrocken

———— ✒ ————

mit Straßenkreide
wird der Asphalt zur Leinwand
der Nachbarskinder

auf grauem Canvas wächst
eine bunte Phantasiewelt

aus dem Füllhorn des
Konsums sprudeln tausend
funkelnde Dinge

doch in der Flut des Tands
befindet sich nicht das Glück

———— ✒ ————

so fing ich an
niederzuschreiben all was
ich nicht wusste

je weiter ich kam, desto kürzer
wurde die unendliche Liste

Gedichte

das letzte Wort

das letzte Wort
gesagt
die Tür fällt ins
Schloss
ich sinke auf die
Knie
die Wut weicht den
Tränen
allein und missverstanden
déjà-vu

———— 🖋 ————

und nun

als ich hinter Dir herlief,
    war ich wieder jung.
als Du in meinen Armen lagst,
    war ich wieder stark.
als Du Dich mir hingabst,
    war ich wieder lebendig.

———— 🖋 ————

In Wahrheit Staub

die Leere erschlägt,
im Gedränge der Menschen, alleine,
lautloser Lärm nichtssagender Redseligkeit,

greife nach ihnen, doch sie sind nicht zu fassen,
sie sind leer, leere Hüllen und Illusionen,
ihre Wahrheit, ihre Existenz ist Staub,

mit Schmuck und teuren Klamotten behangene,
mit immer wiederkehrenden Tattoos bemalte,
unbedeutende Jünger des Konsums

———— ✒ ————

Schicksal und Zufall

Du weißt doch,
wo es lang geht,
lass' mich mal
entscheiden.

> *Ach, was soll das?*
> *Was entscheidest Du denn schon?*
> *Es kommt doch eh,*
> *wie es kommen muss.*

Aber diese Langeweile,
sie frisst mich auf.
Lass uns vom Weg abkommen,

was Verrücktes wagen.
Eine Münze werfen und
der Nase folgen,
in die Welt ziehen.
Lass uns leben und lieben.

Du und Deine Abenteuer,
Deine Träume und Pläne.
Es ist doch schon alles da.
Wir sind doch schon
auf dem Weg dorthin.

Aber diese Eintönigkeit!
Keinen Einfluss auf die Dinge zu habe,
das macht mich traurig
und treibt mich in den Wahnsinn.

Trockne Deine Tränen
und leg' Dich zu mir.
Ich werde doch immer
für Dich da sein.

Und so stritten und
liebten sie sich,
weil sie zufällig
füreinander
bestimmt waren.

Morgen wird er
eine Münze werfen
und sie wird wissen,
wie sie fällt.

———— ✐ ————

Anhang

Bilderverzeichnis

Quellen- und Lizenzangaben für alle im Buch verwendeten Abbildungen

Seite 9: **„Bamboo"** - PNG Clipart
lizenziert unter der Pixabay Lizenz,
URL der Lizenz: https://pixabay.com/service/license/
URL der Quelldatei:
https://pixabay.com/de/vectors/image-23890/

Seite 15: **„Ringe"** - editierter Fotoauschnitt
Alexander Strestik, 2020
basierend auf einem Foto von Sourav Mishra
lizenziert unter der Pexels Lizenz,
URL der Lizenz: https://www.pexels.com/lizenz/
URL der Quelldatei:
https://www.pexels.com/photo/1251293/

Seite 16: **„Adern"** - editierter Fotoauschnitt
Alexander Strestik, 2020
basierend auf einem Foto von Rick Fontaine,
lizenziert unter der Pexels Lizenz,
URL der Lizenz: https://www.pexels.com/lizenz/
URL der Quelldatei:
https://www.pexels.com/photo/919414/

Seite 25: **„Junger Koi"** - Computergrafik
Alexander Strestik, 2020
basierend auf einem Foto von Verend,
lizenziert unter der Pexels Lizenz,
URL der Lizenz: https://www.pexels.com/lizenz/
URL der Quelldatei:
https://www.pexels.com/photo/4006631/

Seite 26: **„Alte Schaukel"** - editierter Fotoauschnitt
Alexander Strestik, 2020
basierend auf einem Foto von labwebmaster
lizenziert unter der Pixabay Lizenz,
URL der Lizenz: https://pixabay.com/service/license/

URL der Quelldatei:
https://pixabay.com/de/photos/4813301/

Seite 32: „**Fassaden**" - editierter Fotoauschnitt
Alexander Strestik, 2020
basierend auf einem Foto von Timo A.
lizenziert unter der Pexels Lizenz
URL der Lizenz: https://www.pexels.com/lizenz/
URL der Quelldatei:
https://www.pexels.com/photo/4435247/

Seite 33: „**Geistergeschichten**" - editierter Fotoauschnitt,
Alexander Strestik, 2020
basierend auf einem Foto von Rene Asmussen,
lizenziert unter der Pexels Lizenz
URL der Lizenz: https://www.pexels.com/lizenz/
URL der Quelldatei:
https://www.pexels.com/photo/1405520/

Seite 37: „**clochard**" - editierter Fotoauschnitt,
Alexander Strestik, 2020
basierend auf einem Foto von Michael Gaida
lizenziert unter der Pixabay Lizenz,
URL der Lizenz: https://pixabay.com/service/license/
URL der Quelldatei:
https://pixabay.com/photos/4482839/

Seite 43: „**Abgrund**" - editierter Fotoauschnitt,
Alexander Strestik, 2020
basierend auf einem Foto von Adrien Olichon
lizenziert unter der Pexels Lizenz
URL der Lizenz: https://www.pexels.com/lizenz/
URL der Quelldatei:
https://www.pexels.com/photo/5091791/

Seite 44: „**Nebelwand**" - editierter Fotoauschnitt
Alexander Strestik, 2020
basierend auf einem Foto von Hakeem James Hausley
lizenziert unter der Pexels Lizenz
URL der Lizenz: https://www.pexels.com/lizenz/
URL der Quelldatei:
https://www.pexels.com/photo/3328323/

Seite 53: „**Furie**" - editierter Fotoauschnitt
Alexander Strestik, 2020
basierend auf einem Foto von Alexander Krivitskiy
lizenziert unter der Pexels Lizenz
URL der Lizenz: https://www.pexels.com/lizenz/
URL der Quelldatei:
https://www.pexels.com/photo/1999425/

Seite 54: „**Mädchen**" - editierter Fotoauschnitt
Alexander Strestik, 2020
basierend auf einem Foto von Pixabay
lizenziert unter der Pexels Lizenz
URL der Lizenz: https://www.pexels.com/lizenz/
URL der Quelldatei:
https://www.pexels.com/photo/458381/

Seite 59: „**Landschaft**" - editierter Fotoauschnitt
Alexander Strestik, 2020
basierend auf einem Foto von Nilay Ramoliya
lizenziert unter der Pexels Lizenz
URL der Lizenz: https://www.pexels.com/lizenz/
URL der Quelldatei:
https://www.pexels.com/photo/3111251/

Seite 63: „**Amanda**" - Computergrafik
basierend auf einer Bleistiftskizze
Alexander Strestik, 2021

Seite 64: „**Sleeping Beauty**" - editierter Fotoauschnitt
Alexander Strestik, 2021
basierend auf einem Foto von Eva Elijas
lizenziert unter der Pexels Lizenz
URL der Lizenz: https://www.pexels.com/lizenz/
URL der Quelldatei:
https://www.pexels.com/photo/6396371/

Seite 69: „**Bullen und Bären**" - Computergrafik
Alexander Strestik, 2021

Seite 70 und 71: „**Götterbote**" - editierter Fotoauschnitt
Alexander Strestik, 2021
basierend auf einem Foto von Frank Cone
lizenziert unter der Pexels Lizenz

Eingesetzte Software

Für die Erstellung dieses Buches wurde folgende Software eingesetzt:

Textverarbeitung:
Libre Office Writer
Version: 6.0.7.3
https://www.libreoffice.org/

Bildverarbeitung:
GIMP 2.8.22
GNU Image
Manipulation Program
https://www.gimp.org/

Fonts:

FreeSans, FreeSerif, FreeMono
GNU Free Fonts unter GNU GPLv3,
http://www.gnu.org/licenses/gpl.html

Noto CJK JP Sans, Noto CJK JP Serif,
Noto Sans CJK TC, Google Fonts
Apollo ASM von Peter Wiegel (2010),
http://www.peter-wiegel.de
alle unter der SIL Open Font License
https://scripts.sil.org/OFL

衡山毛筆フォント行書
Kouzan Brush Handwriting
https://opentype.jp/kouzangyousho.htm

青柳疎石フォント
Aoyagi Sparse Stone Font
https://opentype.jp/aoyagisosekifont.htm
Lizenz: *commercial use with no restrictions*

鯉の跳躍

Weitere Bücher von Alexander Strestik

Tōji
2020
Haiku, Haiga, Senryū, Tanka
und andere Lyrik

Hardcover

Softcover

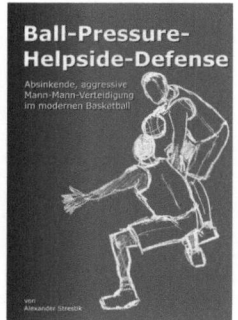

Ball-Pressure-
Helpside-Defense
2014
Absinkende,
aggressive
Mann-Mann-
Verteidigung
im modernen
Basketball